Portuguese Short Stories for Beginners Book 1

Over 100 Dialogues and Daily Used Phrases to Learn Portuguese in Your Car. Have Fun & Grow Your Vocabulary, with Crazy Effective Language Learning Lessons

www.LearnLikeNatives.com

www.LearnLikeNatives.com

© Copyright 2020
By Learn Like A Native

ALL RIGHTS RESERVED

No part of this book may be reproduced, stored in a retrieval system, or transmitted in any form or by any means, without the prior written permission of the publisher.

www.LearnLikeNatives.com

TABLE OF CONTENT

INTRODUCTION	5
CHAPTER 1 The Mysterious Package / Greetings	17
Translation of the Story	32
The Mysterious Package	32
CHAPTER 2 Mardi Gras / Colors + Days of the Week	41
Translation of the Story	53
Mardi Gras	53
CHAPTER 3 Weird Weather / Weather	61
Translation of the Story	74
Weird Weather	74
CONCLUSION	83
About the Author	89

www.LearnLikeNatives.com

www.LearnLikeNatives.com

INTRODUCTION

Before we dive into some Brazilian Portuguese, I want to congratulate you, whether you're just beginning, continuing, or resuming your language learning journey. Here at Learn Like a Native, we understand the determination it takes to pick up a new language and after reading this book, you'll be another step closer to achieving your language goals.

As a thank you for learning with us, we are giving you free access to our 'Speak Like a Native' eBook. It's packed full of practical advice and insider tips on how to make language learning quick, easy, and most importantly, enjoyable. Head over to LearnLikeNatives.com to access your free guide and peruse our huge selection of language learning resources.

www.LearnLikeNatives.com

Learning a new language is a bit like cooking—you need several different ingredients and the right technique, but the end result is sure to be delicious. We created this book of short stories for learning Brazilian Portuguese because language is alive. Language is about the senses—hearing, tasting the words on your tongue, and touching another culture up close. Learning a language in a classroom is a fine place to start, but it's not a complete introduction to a language.

In this book, you'll find a language come to life. These short stories are miniature immersions into the Brazilian Portuguese language, at a level that is perfect for beginners. This book is not a lecture on grammar. It's not an endless vocabulary list. This book is the closest you can come to a language immersion without leaving the country. In the stories within, you will see people speaking to each other, going through daily life situations, and using the most common, helpful words and phrases in language. You are holding the key to bringing your Brazilian Portuguese studies to life.

Made for Beginners

We made this book with beginners in mind. You'll find that the language is simple, but not boring. Most of the book is in the present tense, so you will be able to focus on dialogues, root verbs, and understand and find patterns in subject-verb agreement.

This is not "just" a translated book. While reading novels and short stories translated into Brazilian Portuguese is a wonderful thing, beginners (and even novices) often run into difficulty. Literary licenses and complex sentence structure can make reading in your second language truly difficult—

not to mention BORING. That's why Brazilian Portuguese Short Stories for Beginners is the perfect book to pick up. The stories are simple, but not infantile. They were not written for children, but the language is simple so that beginners can pick it up.

The Benefits of Learning a Second Language

If you have picked up this book, it's likely that you are already aware of the many benefits of learning a second language. Besides just being fun, knowing more than one language opens up a whole new world to you. You will be able to communicate with a much larger chunk of the world. Opportunities in the workforce will open up, and maybe even your day-to-day work will be improved. Improved communication can also help you expand your business. And from a neurological perspective, learning a second language is like taking your daily vitamins and eating well, for your brain!

How To Use The Book

The chapters of this book all follow the same structure:

- A short story with several dialogs
- A summary in Brazilian Portuguese
- A list of important words and phrases and their English translation
- Questions to test your understanding
- Answers to check if you were right
- The English translation of the story to clear every doubt

www.LearnLikeNatives.com

You may use this book however is comfortable for you, but we have a few recommendations for getting the most out of the experience. Try these tips and if they work for you, you can use them on every chapter throughout the book.

1) Start by reading the story all the way through. Don't stop or get hung up on any particular words or phrases. See how much of the plot you can understand in this way. We think you'll get a lot more of it than you may expect, but it is completely normal not to understand everything in the story. You are learning a new language, and that takes time.

2) Read the summary in Brazilian Portuguese. See if it matches what you have understood of the plot.

3) Read the story through again, slower this time. See if you can pick up the meaning of any words or phrases you don't understand by using context clues and the information from the summary.

4) Test yourself! Try to answer the five comprehension questions that come at the end of each story. Write your answers down, and then check them against the answer key. How did you do? If you didn't get them all, no worries!

5) Look over the vocabulary list that accompanies the chapter. Are any of these the words you did not understand? Did you already know the meaning of some of them from your reading?

6) Now go through the story once more. Pay attention this time to the words and phrases you haven't understand. If you'd like, take the time to look them up to

expand your meaning of the story. Every time you read over the story, you'll understand more and more.

7) Move on to the next chapter when you are ready.

Read and Listen

The audio version is the best way to experience this book, as you will hear a native Brazilian Portuguese speaker tell you each story. You will become accustomed to their accent as you listen along, a huge plus for when you want to apply your new language skills in the real world.

If this has ignited your language learning passion and you are keen to find out what other resources are available, go to LearnLikeNatives.com,

www.LearnLikeNatives.com

where you can access our vast range of free learning materials. Don't know where to begin? An excellent place to start is our 'Speak Like a Native' free eBook, full of practical advice and insider tips on how to make language learning quick, easy, and most importantly, enjoyable.

And remember, small steps add up to great advancements! No moment is better to begin learning than the present.

www.LearnLikeNatives.com

FREE BOOK!

Get the *FREE BOOK* that reveals the secrets path to learn any language fast, and without leaving your country.

Discover:

- The **language 5 golden rules** to master languages at will

- Proven **mind training techniques** to revolutionize your learning

- A complete step-by-step guide to **conquering any language**

www.LearnLikeNatives.com

www.LearnLikeNatives.com

www.LearnLikeNatives.com

CHAPTER 1
The Mysterious Package / Greetings

A campainha toca.

Andrew corre para a porta do apartamento. A campainha nunca toca nas manhãs de sábado. Andrew está animado para ver quem está na porta. Ele abre a porta.

— **Bom dia, garotinho** — diz um entregador. O homem está vestindo um uniforme marrom e carrega uma caixa marrom.

— **Olá, senhor** — diz Andrew.

— Eu tenho um pacote — diz o entregador. — Ele diz 10, Rua Main.

— Aqui é a 10, Rua Main — diz Andrew.

— O pacote não tem nome — diz o entregador. — Também não tem o número do apartamento.

— Que estranho! — diz Andrew.

— Você pode dar para a pessoa certa? — o homem pergunta.

— Posso tentar — diz Andrew. Ele tem apenas dez anos, mas se sente importante.

— **Muito obrigado** — diz o entregador. Ele vai embora. Andrew leva a caixa para dentro de casa.

Ele olha para a caixa. Ela é mais ou menos do tamanho de uma caixa de sapatos. Ela não tem um nome no lado de fora, apenas 10, Rua Main.

Andrew abre a caixa de papelão. Ele precisa saber o que tem dentro para descobrir o dono. Tem uma pequena caixa de madeira dentro da caixa de papelão. Andrew abre a caixa de madeira. Dentro da caixa estão 10 pares de óculos diferentes. Eles têm cores diferentes: rosa e vermelho, bolinhas verdes, preto e branco. Eles também têm formas diferentes: redonda, quadrada e retangular.

Ele fecha a caixa e calça os sapatos.

— **Tchau**, mãe! Eu já volto — ele grita.

Andrew bate na porta do apartamento da frente. Ela se abre. Uma senhora muito idosa sorri para Andrew e a caixa.

— **Bom dia**, Sra. Smith! — diz Andrew.

— **Como você está?** — pergunta a senhora idosa.

— **Bem, obrigado! E você?** — diz Andrew.

— O que você tem aí? — pergunta a senhora idosa.

— É um pacote, **senhora**. Ele pertence a alguém neste prédio, mas eu não sei a quem — diz Andrew.

— Não é para mim — diz a senhora idosa. — Impossível!

— Ah, ok — diz Andrew, decepcionado. A senhora idosa usa óculos. Ele acha que esses óculos ficariam bem nela. Ele se vira para ir embora.

— Volte mais tarde — diz a senhora. — Estou fazendo biscoitos, e alguns biscoitos são para você e sua família.

Andrew sobe as escadas. Seu prédio tem três andares. Ele é amigo de quase todos no prédio. No entanto, o apartamento do segundo andar tem uma nova família. Andrew não os conhece. Ele se sente tímido, mas toca a campainha. Um homem de cabelos castanhos abre a porta. Ele sorri.

— **Oi!** — diz o homem.

— Olá — diz Andrew. — Eu moro no andar de baixo. **Meu nome é** Andrew.

— **É um prazer conhecê-lo**, Andrew — diz o homem. — Somos novos no prédio. Eu sou o Sr. Jones.

— **Prazer em conhecê-lo também** — diz Andrew. — Este pacote pertence a alguém neste prédio. Ele é seu?

— Impossível! — diz o homem. — Minha família e eu acabamos de nos mudar para cá. Ninguém sabe o nosso endereço.

— Ok — diz Andrew. — Então foi um prazer conhecê-lo. — A porta se fecha. Outro não. Restam apenas dois apartamentos para tentar. No próximo apartamento mora uma família. A filha estuda na mesma escola que Andrew. Ela é um ano mais velha que Andrew. Seu nome é Diana. Andrew acha que ela é muito bonita. Ele se sente tímido outra vez, mas bate na porta.

Uma menina loira e bonita abre a porta.

— **Oi,** Diana — Andrew sorri.

— **E aí?** — Diana diz. Seu pijama é rosa-choque e seu cabelo está despenteado.

— **Como vão as coisas?** — Andrew pergunta.

— **Vão indo** — diz Diana. — Eu estava dormindo. Você me acordou.

— **Me desculpe** — ele diz rapidamente. Seu rosto está vermelho. Ele se sente mais tímido ainda. — Eu tenho um pacote. Nós não sabemos a quem pertence.

— O que tem nele? — pergunta Diana.

— Alguns óculos. São óculos de leitura — diz Andrew.

— Eu não uso óculos. Minha mãe não usa. A caixa não é para nós — diz Diana.

— Ok — diz Andrew. Ele dá tchau e sobe as escadas. Há mais um apartamento, o apartamento do terceiro andar. O Sr. Edwards mora sozinho neste apartamento. Ele tem um papagaio grande que sabe falar. Ele também tem quatro gatos e um cachorro. Seu apartamento é antigo e escuro. Andrew sente medo do Sr. Edwards. Ele toca a campainha. Ele tem que descobrir quem pertence a caixa.

— **Olá** — diz o Sr. Edwards. Seu cachorro vem até a porta. O cachorro ajuda o Sr. Edwards, porque ele é cego.

— Oi, Sr. Edwards. É o Andrew — diz Andrew. O Sr. Edwards está de olhos fechados. Ele sorri.

— **O que há de novo**, Andrew? — ele pergunta. "Mmm", Andrew pensa, "talvez o Sr. Edwards não seja assustador. Talvez o Sr. Edwards seja apenas um velho simpático que vive sozinho."

— Eu tenho um pacote, e acho que é para você — diz Andrew.

— Ah, sim! Meus óculos de leitura. Finalmente! — o Sr. Edwards sorri. Ele estende as mãos. Andrew está confuso. Ele olha para o cachorro. Parece sorrir também. Ele dá a caixa para o Sr. Edwards.

— **É bom ver você** — diz o Sr. Edwards.

— **Você também** — diz Andrew. Talvez ele visite o Sr. Edwards outro dia. Ele se vira e vai para casa.

RESUMO

Um menino, Andrew, recebe um pacote que não é para ele. É uma caixa de óculos. Ele a leva aos vizinhos, um por um, para descobrir a quem o pacote pertence. Ele descobre que o pacote pertence ao seu vizinho, o Sr. Edwards, o que é um pouco surpreendente.

www.LearnLikeNatives.com

LISTA DE VOCABULÁRIO

Good morning	Bom dia
Hello	Olá
Sir	Senhor
Thank you very much	Muito obrigado
Bye	Tchau
Morning!	Bom dia!
How are you?	Como você está?
Fine, thanks!	Tudo bem, obrigado!
And you?	E você?
Ma'am	Senhora

Hi	Oi
My name is...	Meu nome é...
It's nice to meet you	É um prazer conhecê-lo
Nice to meet you too	Prazer em conhecê-lo também
How's it going?	Como vão as coisas?
It's going	Vão indo
Hey	Oi
What's up?	E aí?
What's new?	O que há de novo
It's good to see you	É bom ver você

www.LearnLikeNatives.com

PERGUNTAS

1. Quem está na porta da frente quando Andrew a abre?

    a) um entregador

    b) um gato

    c) um recenseador

    d) seu pai

2. Como você descreveria a Sra. Smith?

    a) uma menina bonita

    b) uma pessoa ruim

    c) um mau vizinho

    d) uma mulher idosa amável

3. Quem vive no segundo andar do prédio?

    a) ninguém

b) uma menina da escola do Andrew

c) uma nova família

d) Andrew

4. O que você acha que Andrew sente pela Diana?

   a) ele gosta dela e acha que ela é bonita

   b) ele a segue nas redes sociais

   c) ele não gosta dela

   d) eles não se conhecem

5. A quem no prédio pertencem os óculos?

   a) à senhora idosa

   b) ao homem cego

   c) ao Andrew e sua família

   d) a ninguém

www.LearnLikeNatives.com

RESPOSTAS

1. Quem está na porta da frente quando Andrew a abre?

    a) um entregador

2. Como você descreveria a Sra. Smith?

    d) uma mulher idosa amável

3. Quem vive no segundo andar do prédio?

    c) uma nova família

4. O que você acha que Andrew sente pela Diana?

    a) ele gosta dela e acha que ela é bonita

5. A quem no prédio pertencem os óculos?

    b) ao homem cego

www.LearnLikeNatives.com

Translation of the Story

The Mysterious Package

The doorbell rings.

Andrew runs to the door of the apartment. The doorbell never rings on Saturday mornings. Andrew is excited to see who is at the door. He opens the door.

"**Good morning**, little boy," says a delivery man. The man is dressed in a brown uniform and is carrying a brown box.

"**Hello, sir**," says Andrew.

"I have a package," the delivery man says. "It says 10 Main Street."

"This is 10 Main Street," says Andrew.

"The package has no name," says the delivery man. "It also has no apartment number."

"How strange!" says Andrew.

"Can you give it to the right person?" the man asks.

"I can try," says Andrew. He is only ten years old, but he feels important.

"Thank you very much," says the delivery man. He leaves. Andrew takes the box into his house. He stares at the box. It is about the size of a shoe box. It has no name on the outside, just 10 Main Street.

Andrew opens the cardboard box. He needs to know what is inside to find the owner. There is a small wood box inside the cardboard box. Andrew opens the wooden box. Inside the box are 10 different pairs of eyeglasses. They are different colors: pink and red, green polka dots, black and white. They are also different shapes: round, square and rectangle.

He closes the box and puts on his shoes.

"**Bye** mom! I'll be right back," he shouts.

Andrew knocks on the door across the hall from his house. It opens. A very old lady smiles at Andrew and the box.

"**Morning**, Mrs. Smith!" says Andrew.

"How are you?" asks the old lady.

"Fine, thanks! And you?" says Andrew.

"What do you have?" asks the old lady.

"Ma'am, this is a package. It belongs to someone in this building but I don't know who," says Andrew.

"It's not for me," says the old lady. "Impossible!"

"Oh, ok" says Andrew, disappointed. The old lady wears glasses. He thinks these glasses would look nice on her. He turns to leave.

"Come back later," calls the old lady. "I'm making cookies and some cookies are for you and your family."

Andrew goes up the stairs. His building has three floors. He is friends with almost everyone in the building. However, the apartment on the second floor has a new family. Andrew doesn't know them. He feels shy, but he rings the bell. A brown-haired man opens the door. He smiles.

"Hi!" says the man.

"Hello," says Andrew. "I live downstairs. **My name is** Andrew."

"It's nice to meet you, Andrew," the man says. "We are new to the building. I'm Mr. Jones."

"**Nice to meet you too,**" says Andrew. "This package belongs to someone in this building. Is it your package?"

"Impossible!" says the man. "My family and I just moved here. No one knows our address."

"Ok," says Andrew. "Nice to meet you then." The door closes. Another no. There are only two apartments left to try. In the next apartment is a family. The daughter goes to the same school as Andrew. She is a year older than Andrew. Her name is Diana. Andrew thinks she is very beautiful. He feels shy again, but he knocks on the door.

A pretty, blonde girl opens the door.

"**Hey,** Diana," Andrew smiles.

"What's up?" Diana says. Her pijamas are bright pink and her hair is messy.

"How's it going?" Andrew asks.

"It's going," Diana says. "I was asleep. You woke me up."

"I'm sorry," he says quickly. His face is red. He feels extra shy. "I have a package. We don't know who it belongs to."

"What is in it?" asks Diana.

"Some glasses. They are glasses for reading," says Andrew.

"I don't wear glasses. My mom doesn't use them. The box is not for us," says Diana.

"Ok," says Andrew. He waves goodbye and climbs the stairs. There is one more apartment, the apartment on the third floor. Mr. Edwards lives in this apartment, alone. He has a big parrot that knows how to talk. He also has four cats and a dog. His apartment is old and dark. Andrew feels afraid of Mr. Edwards. He rings the doorbell. He has to find out who the box belongs to.

"**Hello,**" says Mr. Edwards. His dog comes to the door. The dog helps Mr. Edwards because he is blind.

"Hi, Mr. Edwards. It's Andrew," Andrew says. Mr. Edwards has his eyes closed. He smiles.

"**What's new,** Andrew?" He asks. Hmmm, Andrew thinks, maybe Mr. Edwards isn't scary. Maybe Mr. Edwards is just a nice old man that lives alone.

"I have a package and I think it is for you," says Andrew.

"Ah yes! My reading glasses. Finally!" smiles Mr. Edwards. He holds his hands out. Andrew is confused. He looks at the dog. It seems to be smiling, too. He gives Mr. Edwards the box.

"It's good to see you," says Mr. Edwards.

"You too," says Andrew. Maybe he will visit Mr. Edwards another day. He turns around and goes home.

www.LearnLikeNatives.com

CHAPTER 2
Mardi Gras /
Colors + Days of the Week

HISTÓRIA

Frank sai pela porta da frente. Sua nova casa é **violeta** com janelas **azuis**. As **cores** são muito vivas para uma casa. Em Nova Orleans, sua nova cidade, os prédios são coloridos.

Ele é novo no bairro. Frank ainda não tem amigos. A casa ao lado da dele é um prédio alto e **vermelho**. Uma família mora lá. Frank olha para a porta, e um homem a abre. Frank diz olá.

— Olá, vizinho! — diz George. Ele acena. Frank caminha até a casa vermelha.

— Oi, eu sou Frank, o novo vizinho — diz Frank.

— Prazer em conhecê-lo. Meu nome é George — diz George. Os homens apertam as mãos. George tem um fio com luzes nas mãos. As luzes são **verdes, roxas** e **douradas**.

— Para que são as luzes? — pergunta Frank.

— Você é novo mesmo — George ri. — É Mardi Gras, você não sabia? Estas cores representam o feriado de carnaval aqui em Nova Orleans.

— Ah, sim — diz Frank. Frank não conhece o carnaval. Ele também não tem amigos para fazer planos.

www.LearnLikeNatives.com

— Hoje é **sexta-feira** — diz George. — Há um desfile chamado Endymion. Quer assistir comigo e com a minha família?

— Sim — diz Frank. — Maravilhoso!

George coloca as luzes na casa. Frank ajuda George. George acende as luzes. A casa parece festiva.

Frank e a família vão ao desfile. Durante o Mardi Gras em Nova Orleans, há desfiles todos os dias. Os desfiles durante a **semana** são pequenos. Os desfiles no fim de semana, **sábado** e **domingo**, são grandes, com muitas pessoas e carros alegóricos. Há um rei do Mardi Gras. Seu nome é Rex.

Mardi Gras significa "**terça-feira** gorda". Na Inglaterra, é chamado de Shrove Tuesday. É um feriado católico. É um dia antes da **quarta-feira** de cinzas, o início da Quaresma. O Mardi Gras é a celebração antes da Quaresma, um período de seriedade. Na **quinta-feira,** terminam os dias especiais. Nova Orleans é famosa pelo Mardi Gras. As pessoas fazem festas e usam máscaras e fantasias. Na verdade, você só pode usar máscaras em Nova Orleans no Mardi Gras. No resto do ano, é ilegal!

George e sua família assistem ao desfile começar com Frank. Frank está surpreso. Há muitas pessoas assistindo. Eles estão na grama. Carros alegóricos passam pelo grupo. Carros alegóricos são grandes estruturas com pessoas e decorações. Eles percorrem a rua, um por um.

O primeiro carro alegórico representa o sol. Ele tem decorações **amarelas**. Uma mulher no meio do carro alegórico usa um vestido **branco**. Ela parece um anjo. Ela joga contas e brinquedos cor de **laranja** para o povo.

— Por que ela joga os brinquedos e colares? — pergunta Frank.

— Para nós! — diz Hannah, a esposa do George. Hannah segura cinco colares nas mãos. Algumas contas estão no chão. Ninguém as pega. São sujas e **marrons**.

O desfile continua. Há muitos carros alegóricos e muitas contas. George e sua família gritam: — Jogue alguma coisa para mim, senhor! — Hannah enche sua bolsa **preta** com contas e brinquedos coloridos dos carros alegóricos. Frank aprende a gritar — Jogue alguma coisa para mim! — para ganhar contas.

www.LearnLikeNatives.com

Um carro alegórico grande tem mais de 250 pessoas. É o maior do mundo.

Finalmente, o desfile termina. As crianças e os adultos estão felizes. Todos vão para casa. Frank está cansado. Ele também está com fome e quer comer. Ele segue George e sua família até a casa **vermelha.** Há um bolo grande e redondo na mesa. Parece um anel, com um buraco no meio. O bolo tem cobertura **roxa, verde** e **amarela**.

— Este é o bolo do rei — diz Hannah. — Nós comemos bolo do rei todo Mardi Gras.

Hannah corta um pedaço do bolo. Ela dá um pedaço para George, um pedaço para as crianças e um pedaço para Frank. Frank prova o bolo. É delicioso! Tem gosto de canela. É macio. Mas, de repente, Frank morde um pedaço de plástico.

— Ai! — diz Frank. Frank para de comer. Ele puxa um bebê de plástico de dentro do bolo.

— Há mais uma tradição — diz George. — O bolo tem um bebê dentro. A pessoa que encontra o bebê compra o próximo bolo.

— Sou eu! — diz Frank.

Todo mundo ri. George convida Frank para outro desfile na **segunda-feira**.

Frank vai para casa feliz. Ele ama o Mardi Gras.

www.LearnLikeNatives.com

LISTA DE VOCABULÁRIO

Violet	Violeta
Blue	Azul
Colors	Cores
Red	Vermelho
Green	Verde
Purple	Roxo
Gold	Dourado
Friday	Sexta-feira
Week	Semana
Saturday	Sábado
Sunday	Domingo
Tuesday	Terça-feira

Wednesday	Quarta-feira
Thursday	Quinta-feira
Yellow	Amarelo
White	Branco
Orange	Laranja
Brown	Marrom
Black	Preto
Monday	Segunda-feira

www.LearnLikeNatives.com

PERGUNTAS

1) Como você descreveria a nova casa do Frank?

    a) sem graça

    b) colorida

    c) minúscula

    d) solitária

2) Que cor representa o Mardi Gras em Nova Orleans?

    a) azul

    b) branco

    c) laranja

    d) dourado

3) Mardi Gras é uma celebração:

    a) somente para adultos.

    b) da tradição da igreja judaica.

    c) famosa em Nova Orleans.

    d) feita dentro de casa.

www.LearnLikeNatives.com

4) Quais destes não estão nos carros alegóricos do Mardi Gras?

    a) pessoas

    b) computadores

    c) brinquedos

    d) contas

5) O que acontece se você encontrar o bebê em um bolo do rei?

    a) você chora

    b) você deve cuidar do bebê

    c) você dá o bebê para seu amigo

    d) você deve comprar um bolo do rei

www.LearnLikeNatives.com

RESPOSTAS

1) Como você descreveria a nova casa de Frank?

   a) sem graça

2) Que cor representa o Mardi Gras em Nova Orleans?

   d) dourado

3) O Mardi Gras é uma celebração:

   c) famosa em Nova Orleans.

4) Quais destes não estão nos carros alegóricos do Mardi Gras?

   b) computadores

5) O que acontece se você encontrar o bebê em um bolo do rei?

   d) você deve comprar um bolo do rei

Translation of the Story

Mardi Gras

STORY

Frank steps out his front door. His new house is **violet** with **blue** windows. The **colors** are very bright for a house. In New Orleans, his new home, buildings are colorful.

He is new to the neighborhood. Frank does not have any friends yet. The house next to him is a tall, **red** building. A family lives there. Frank stares at the door, and a man opens it. Frank says hello.

"Hello, neighbor!" says George. He waves. Frank walks to the red house.

"Hi, I'm Frank, the new neighbor," says Frank.

"Nice to meet you. My name is George," George says. The men shake hands. George has a string of lights in his hands. The lights are **green**, **purple** and **gold**.

"What are the lights for?" asks Frank.

"You *are* new," laughs George. "It's Mardi Gras, didn't you know? These colors represent the holiday of carnival here in New Orleans."

"Oh, yes," says Frank. Frank does not know about carnival. He also has no friends to make plans with.

"Today is **Friday**," says George. "There is a parade called Endymion. Will you come with me and the family to watch?"

"Yes," Frank says. "Wonderful!"

George puts the lights on the house. Frank helps George. George turns on the lights. The house looks festive.

The family and Frank go to the parade. During Mardi Gras in New Orleans, there are parades every day. The parades during the **week** are small. The parades on the weekend, **Saturday** and **Sunday**, are big, with many floats and people. There is a king of Mardi Gras. His name is Rex.

Mardi Gras means 'Fat **Tuesday'.** In England, it is called Shrove Tuesday. The holiday is Catholic. It is one day before Ash **Wednesday**, the beginning of Lent. Mardi Gras is the celebration before Lent, a serious time. By **Thursday**, the special days are finished. New Orleans is famous for its Mardi Gras. People have parties and wear masks and costumes. In fact, you can only wear a mask in New Orleans on Mardi Gras. The rest of the year it is illegal!

George and his family watch the parade begin with Frank. Frank is surprised. There are many people watching. They stand in the grass. Floats pass the group. Floats are big structures with people and decorations. They go down the street, one by one.

The first float represents the sun. It has **yellow** decorations. A woman in the middle wears a **white** dress. She looks like an angel. She throws **orange** toys and beads to the people.

"Why does she throw the toys and necklaces?" asks Frank.

"For us!" says Hannah, George's wife. Hannah holds five necklaces in her hands. Some beads are on the ground. Nobody catches them. They are dirty and **brown**.

The parade continues. There are many floats, and many beads. George and his family shout, "Throw me something, mister!" Hannah fills her **black** bag with colorful toys and beads from the floats. Frank learns to shout "Throw me something!" to get beads for himself.

One big float has over 250 people on it. It is the largest in the world.

Finally, the parade ends. The children and the adults are happy. Everyone goes home. Frank is tired. He is also hungry and wants to eat. He follows George and his family into the **red** house. There is a big, round cake on the table. It looks like a ring, with a hole in the middle. The cake has **purple**, **green** and **yellow** frosting on top.

"This is king cake," Hannah says. "We eat king cake every Mardi Gras."

Hannah cuts a piece of cake. She gives one piece to George, one piece to the children, and one piece to Frank. Frank tastes the cake. It is delicious! It tastes like cinnamon. It is soft. But suddenly Frank bites into plastic.

"Ouch!" says Frank. Frank stops eating. He pulls a plastic baby out of the cake.

"There is one more tradition," says George. "The cake has a baby in it. The person who gets the baby buys the next cake."

"That's me!" Frank says.

Everyone laughs. George invites Frank to another parade on **Monday.**

Frank goes home happy. He loves Mardi Gras.

www.LearnLikeNatives.com

CHAPTER 3
Weird Weather / Weather

HISTÓRIA

Ivan tem doze anos. Ele visita os avós no fim de semana. Ele adora visitar os avós. A vovó lhe dá biscoitos com leite todos os dias. O vovô lhe ensina coisas legais. Neste fim de semana, ele vai à casa deles.

É fevereiro. Onde Ivan mora, é **inverno**. Em fevereiro, geralmente **neva**. Ivan ama a neve. Ele brinca na neve e faz bolas. Neste fim de semana de fevereiro, o **tempo** está diferente. O sol está brilhando, está **ensolarado** e quase **quente!** Ivan está usa uma camiseta para ir à casa dos avós.

— Oi, vovô! Oi, vovó! — Ivan diz.

— Olá, Ivan! — diz a Vovó.

— Ivan! Como você está? — diz o vovô.

— Estou bem — ele diz, e abraça os avós. Ivan dá tchau para sua mãe.

Eles entram em casa. — Este tempo está estranho — diz a vovó. — Fevereiro é sempre **frio** e **nublado**. Eu não entendo!

— É a **mudança climática** — diz Ivan. Na escola, Ivan estuda contaminação e poluição. O tempo muda devido a mudanças na **atmosfera**. Mudança climática são as diferenças no clima ao longo do tempo.

— Eu não sei nada sobre mudança climática — diz o vovô. — Eu **prevejo** o tempo pelo que eu vejo.

— O que você quer dizer? — pergunta Ivan.

— Esta manhã, o **céu** está vermelho — diz o vovô.
— Eu sei que isto significa que está vindo uma **tempestade.**

— Como?— pergunta Ivan.

— Céu vermelho de manhã, é chuva com ventania. Céu vermelho à noite, é bom tempo que se anuncia.— O vovô explica o ditado para Ivan.

Quando o céu está vermelho ao nascer do sol, significa que há água no ar. A luz do sol parece vermelha. A tempestade está vindo na direção. Quando o céu está vermelho ao pôr do sol, o mau tempo está indo embora. Sem **meteorologistas**, as pessoas observam o céu à procura de pistas sobre o tempo.

— Como os meteorologistas preveem o tempo? — pergunta Ivan.

— Eles observam os padrões da atmosfera — diz a vovó. — Eles observam a temperatura, se está quente ou frio. E observam a pressão do ar, o que está acontecendo na atmosfera.

— Eu prevejo o tempo de maneira diferente — diz o vovô. — Por exemplo, eu sei que hoje vai **chover**.

— Como? — pergunta Ivan.

— O gato — diz o vovô. Ivan olha para o gato. O gato abre a boca e faz: a-TCHIM.

— Quando o gato espirra ou ronca, significa que está vindo chuva — diz o vovô. — Pode **chuviscar** ou ficar muito **chuvoso**, mas vai chover.

De repente, eles ouvem um som alto. Ivan olha pela janela. Gotas grandes de chuva estão caindo. O som da chuva é alto. Ivan não consegue ouvir o que o vovô diz.

— O quê?— diz Ivan.

— Está **chovendo a cântaros** — diz o vovô, sorrindo.

— Rá! — Ivan ri.

— Conheço outra maneira de prever o tempo — diz a vovó.

A vovó observa as aranhas para saber quando o tempo vai estar frio. No final do **verão**, o tempo muda. O **outono** traz o ar fresco e frio. A vovó sabe que quando as aranhas entram na casa, significa que o frio está chegando. As aranhas fazem sua casa do lado de dentro antes do inverno. É assim que a vovó sabe quando o inverno está chegando.

A chuva para. Ivan e o vovô saem da casa. O vovô e a vovó moram em uma casa na floresta. A casa é cercada de árvores. É uma casa pequena. Ivan está com frio de camiseta. O tempo não está **ensolarado**. O ar está se movendo. Está **ventando.** O vento sopra o cabelo do Ivan.

— Agora está **frio** — diz Ivan.

— Sim — diz o vovô. — Qual é a temperatura?

— Eu não sei — diz Ivan. — Eu não tenho um **termômetro**.

— Você não precisa de termômetro — diz o vovô. Vovô diz a Ivan para escutar. Ivan ouve um som: cri-cri-cri. É um inseto. O cri-cri-cri é o som dos grilos. Vovô ensina a Ivan. Ivan conta quantos cris ele ouve em 14 segundos. Vovô adiciona 40 a esse número. Essa é a temperatura lá fora. Ivan não sabia que os grilos eram como termômetros.

A vovó sai da casa. Ela sorri. Ela observa Ivan contando o som dos cri. — É hora de biscoitos com leite! — ela diz.

— Oba! — diz Ivan.

— Veja! — diz a vovó. — É um **arco-íris**. — O arco-íris vai da casa para a floresta. Ele tem muitas cores: vermelho, laranja, amarelo, azul e verde. O arco-íris é lindo. A vovó, o vovô e Ivan observam o arco-íris. Ele desaparece, e eles vão para dentro.

— Biscoitos com leite para todos — diz a vovó. Ela dá a Ivan um biscoito quente de chocolate.

— Para mim, não — diz o vovô. — Quero chá.

— Por que chá? — diz a vovó. Ela tem dois copos de leite na mão.

— Estou **resfriado**, diz o vovô. Ele ri. Ivan e a vovó riem com ele.

www.LearnLikeNatives.com

LISTA DE VOCABULÁRIO

Winter	Inverno
To snow	Nevar
Weather	Tempo
Sunny	Ensolarado
Hot	Quente
Cold	Frio
Climate change	Mudança climática
Atmosphere	Atmosfera
Predict	Prever
Sky	Céu
Storm	Tempestade
Weathermen	Meteorologistas

Drizzle	Chuvisco
Rainy	Chuvoso
Raining cats and dogs	Chovendo a cântaros
Summer	Verão
Autumn	Outono
Windy	Ventando
Temperature	Temperatura
Thermometer	Termômetro
Rainbow	Arco-íris

www.LearnLikeNatives.com

PERGUNTAS

1) Como é geralmente o tempo em fevereiro?

    a) quente

    b) frio

    c) ensolarado

    d) fresco

2) Como o vovô sabe como será o tempo?

    a) ele vê televisão

    b) o meteorologista

    c) ele observa a natureza

    d) ele não prevê o tempo

3) O que significa chover a cântaros?

    a) a chuva está cantando

b) está chovendo pouco

c) o gato está espirrando

d) está chovendo muito forte

4) O que significa quando as aranhas entram em casa?

a) elas estão com fome

b) elas estão prontas para botar ovos

c) o tempo frio está chegando

d) o tempo quente está chegando

5) Por que o vovô pede chá em vez de leite?

a) ele está um pouco doente

b) ele é alérgico ao leite

c) ele quer uma bebida quente

d) para irritar a vovó

www.LearnLikeNatives.com

RESPOSTAS

1) Como é geralmente o tempo em fevereiro?

    a) quente

2) Como o vovô sabe como será o tempo?

    c) ele observa a natureza

3) O que significa chover a cântaros?

    d) está chovendo muito forte

4) O que significa quando as aranhas entram em casa?

    c) tempo frio está chegando

5) Por que o vovô pede chá em vez de leite?

    a) ele está um pouco doente

www.LearnLikeNatives.com

Translation of the Story

Weird Weather

STORY

Ivan is twelve years old. He visits his grandparents on the weekend. He loves to visit his grandparents. Grandma gives him cookies and milk every day. Grandpa teaches him neat things. This weekend he goes to their house.

It is February. Where Ivan is, it is **winter**. In February, it usually **snows**. Ivan loves the snow. He plays in it and rolls it into balls. This February weekend, the **weather** is different. The sun is shining; it is **sunny** and almost **hot**! Ivan wears a T-shirt to his grandparent's house.

"Hi, Grandpa! Hi, Grandma!" Ivan says.

"Hello, Ivan!" Grandma says.

"Ivan! How are you?" says Grandpa.

"I'm good," he says, and he hugs his grandparents. Ivan says goodbye to his mom.

They go into the house. "This weather is strange," says Grandma. "February is always **cold** and **cloudy**. I don't understand!"

"It is **climate change**," says Ivan. In school, Ivan learns about contamination and pollution. The weather changes because of changes in the **atmosphere**. Climate change is the difference in the weather over time.

"I don't know about climate change," says Grandpa. "I **predict** the weather by what I see."

"What do you mean?" asks Ivan.

"This morning, the **sky** is red," says Grandpa. "This means I know a **storm** is coming."

"How?" asks Ivan.

"Red sky in the morning, sailors take warning. Red sky at night, sailor's delight." Grandpa tells Ivan about this saying.

If the sky is red at sunrise, it means there is water in the air. The light of the sun shines red. The storm is coming towards you. If the sky is red at sunset, the bad weather is leaving. Without **weathermen**, people watch the sky for clues about the weather.

"How do weathermen predict the weather?" asks Ivan.

"They look at patterns in the atmosphere," says Grandma. "They look at temperature, if it is hot or cold. And they look at air pressure, what is happening in the atmosphere."

"I predict the weather differently," says Grandpa. "For example, I know today it will **rain**."

"How?" asks Ivan.

"The cat," says Grandpa. Ivan looks at the cat. The cat opens its mouth and says 'ah-CHOO'.

"When the cat sneezes or snores, that means rain is coming," says Grandpa. It may **drizzle** or it may be very **rainy**, but it will rain."

Suddenly, they hear a loud sound. Ivan looks out the window. Drops of rain are falling hard. The rain is loud. Ivan can't hear what his Grandpa says.

"What?" says Ivan.

"It's **raining cats and dogs**," says Grandpa, smiling.

"Ha!" laughs Ivan.

"I know another way to tell the weather," says Grandma.

Grandma watches the spiders to see when the weather will be cold. At the end of **summer**, the weather changes. **Autumn** brings fresh, cool air. Grandma knows that when spiders come inside, it means cold weather is coming. The spiders make a house inside before winter. That is how grandma knows when the winter weather comes.

The rain stops. Grandpa and Ivan go out. Grandpa and Grandma live in a house in the forest. The house has trees around it. It is a small house. Ivan is cold in his T-shirt. The weather is not sunny. The air is moving. It is **windy**. The wind blows through Ivan's hair.

"It is **cold** now," says Ivan.

"Yes," says Grandpa. "What is the temperature?"

"I don't know," says Ivan. "I don't have a thermometer."

"You don't need one," says Grandpa. Grandpa tells Ivan to listen. Ivan hears a sound: *cri-cri-cri*. It is an insect. The *cri-cri-cri* is the sound of crickets. Grandpa teaches Ivan. Ivan counts the *cri* for fourteen seconds. Grandpa adds 40 to that number. That is the temperature outside. Ivan did not know crickets were like thermometers.

Grandma comes out of the house. She smiles. She watches Ivan counting the *cri* sound. "Time for cookies and milk!" she says.

"Yay!" says Ivan.

"Oh, look!" says Grandma. "It's a rainbow." The rainbow goes from the house to the forest. It has many colors: red, orange, yellow, blue and green. The rainbow is beautiful. Grandma, Grandpa and Ivan watch the rainbow. It disappears and they go inside.

"Cookies and milk for everyone," says Grandma. She gives Ivan a warm chocolate cookie.

"Not for me," says Grandpa. "I want tea."

"Why tea?" says Grandma. She has two milks in her hand.

"I'm feeling **under the weather**," says Grandpa. He laughs. Ivan and Grandma laugh with him.

www.LearnLikeNatives.com

CONCLUSION

You did it!

You finished a whole book in a brand new language. That in and of itself is quite the accomplishment, isn't it?

Congratulate yourself on time well spent and a job well done. Now that you've finished the book, you have familiarized yourself with over 500 new vocabulary words, comprehended the heart of 3 short stories, and listened to loads of dialogue unfold, all without going anywhere!

Charlemagne said "To have another language is to possess a second soul." After immersing yourself in this book, you are broadening your horizons and opening a whole new path for yourself.

Have you thought about how much you know now that you did not know before? You've learned everything from how to greet and how to express your emotions to basics like colors and place words. You can tell time and ask question. All without opening a schoolbook. Instead, you've cruised through fun, interesting stories and possibly listened to them as well.

Perhaps before you weren't able to distinguish meaning when you listened to Brazilian Portuguese. If you used the audiobook, we bet you can now pick out meanings and words when you hear someone speaking. Regardless, we are sure you have taken an important step to being more fluent. You are well on your way!

Best of all, you have made the essential step of distinguishing in your mind the idea that most often hinders people studying a new language. By approaching Brazilian Portuguese through our short stories and dialogs, instead of formal lessons with just grammar and vocabulary, you are no longer in the 'learning' mindset. Your approach is much more similar to an osmosis, focused on speaking and using the language, which is the end goal, after all!

So, what's next?

This is just the first of five books, all packed full of short stories and dialogs, covering essential, everyday Brazilian Portuguese that will ensure you master the basics. You can find the rest of the books in the series, as well as a whole host of other resources, at LearnLikeNatives.com. Simply add the book to your library to take the next step in your language learning journey. If you are ever in need of new ideas or direction, refer to our 'Speak Like a Native' eBook, available to you for free at LearnLikeNatives.com, which clearly outlines practical steps you can take to continue learning any language you choose.

We also encourage you to get out into the real world and practice your Brazilian Portuguese. You have a leg up on most beginners, after all—instead of pure textbook learning, you have been absorbing the sound and soul of the language. Do not underestimate the foundation you have built reviewing the chapters of this book. Remember, no one feels 100% confident when they speak with a native speaker in another language.

One of the coolest things about being human is connecting with others. Communicating with someone in their own language is a wonderful gift. Knowing the language turns you into a local and opens up your world. You will see the reward of learning languages for many years to come, so keep that practice up!. Don't let your fears stop you from taking the chance to use your Brazilian Portuguese. Just give it a try, and remember that you will make mistakes. However, these mistakes will teach you so much, so view every single one as a small victory! Learning is growth.

Don't let the quest for learning end here! There is so much you can do to continue the learning process in an organic way, like you did with this book. Add another book from Learn Like a Native to your library. Listen to Brazilian Portuguese talk radio. Watch some of the great Brazilian Movies. Put on the latest CD from Tom Jobim. Take Samba lessons in Portuguese. Whatever you do, don't stop because every little step you take counts towards learning a new language, culture, and way of communicating.

www.LearnLikeNatives.com

www.LearnLikeNatives.com

www.LearnLikeNatives.com

Learn Like a Native is a revolutionary **language education brand** that is taking the linguistic world by storm. Forget boring grammar books that never get you anywhere, Learn Like a Native teaches you languages in a fast and fun way that actually works!

As an international, multichannel, language learning platform, we provide **books, audio guides and eBooks** so that you can acquire the knowledge you need, swiftly and easily.

Our **subject-based learning**, structured around real-world scenarios, builds your conversational muscle and ensures you learn the content most relevant to your requirements. Discover our tools at *LearnLikeNatives.com*.

When it comes to learning languages, we've got you covered!

www.ingramcontent.com/pod-product-compliance
Lightning Source LLC
Chambersburg PA
CBHW071751080526
44588CB00013B/2213